Bernd Wehren

Am Wochenende habe ich …

Wenn ich zaubern könnte, hätte/wäre ich …

Nicht so gut gefallen hat mir …, weil …

Mein Wochenende war schön, weil …

Mit meinen Freunden habe ich …

AF214409

66 Bild-Impulse und Satzanfänge für den Morgenkreis

Vorwort

Der Morgenkreis ist ein wichtiges **Ritual in der Grundschule**. Hier sitzen die Kinder mit der Lehrerin oder dem Lehrer im Kreis zusammen und berichten von ihren Erlebnissen vom Vortag oder dem Wochenende. *„Was hast du gestern erlebt?“, „Wie war dein Wochenende?“* – die Reaktionen auf diese Fragen reichen in der Praxis allerdings häufig von verlegenem Schulterzucken über gemurmelte Ein-Wort-Antworten bis hin zu ausschweifenden Erlebnisberichten.

Die **66 Bild-Impulse und Satzanfänge** in diesem Kartenset ermuntern alle Kinder zum freien Erzählen – und helfen ihnen gleichzeitig dabei, sich auf das Wesentliche zu beschränken.

Tipps für den Morgenkreis

Die folgenden Tipps erleichtern Ihnen den nächsten Morgenkreis – und steigern die Vorfreude auf viele schöne Erzählungen.

Im Morgenkreis zusammenkommen

Beim Zusammenkommen im Morgenkreis sollten Sie stets den gleichen – für die Kinder nachvollziehbaren – **Ablauf** einhalten, z. B.:

1. Markieren Sie einen großen Kreis auf dem Fußboden. Verwenden Sie hierzu mehrere Seile aus der Spielekiste, die Sie zu einem Kreis auf den Boden legen und hinter die sich die Kinder setzen. So ist gewährleistet, dass der Kreis groß genug ist.
2. Die Kinder kommen leise und zügig im (Stuhl-)Kreis zusammen – am besten in Kleingruppen von 5 bis 10 Personen. Besonders gut gelingt dies, wenn es eine feste Sitzordnung für den Morgenkreis gibt. Unruhige und „schwierige“ Kinder sollten möglichst in Ihrer Nähe sitzen, damit Sie bei Störungen direkt eingreifen können.
3. Lassen Sie von einigen Kindern die Satzanfänge und Bildkarten in die Kreismitte legen (verwenden Sie beim Einsatz in der Vorschule und ersten Klasse nur die Bildkarten!). Hier sollten Sie bereits im Vorfeld eine Vorauswahl getroffen haben, um die Übersichtlichkeit zu wahren.
4. Sorgen Sie mit einem akustischen Signal (z. B.: Zimbel, Triangel) oder einem gemeinsamen Spruch (z. B.: *„1, 2, 3, Quatscherei vorbei!“*) nochmals für Ruhe und lassen Sie die Gesprächsregeln und deren Sinn erklären, bevor die Kinder mithilfe der Satzanfänge und Bildkarten von ihren Erlebnissen berichten.

Es braucht immer etwas **Zeit und Übung**, bis das Zusammenkommen im Stuhlkreis reibungslos gelingt. Lassen Sie sich daher nicht durch anfängliche Schwierigkeiten entmutigen, sondern üben Sie konsequent weiter.

Die Reihenfolge der Erzähler organisieren

Lassen Sie die Kinder nacheinander von ihren Erlebnissen berichten. Verwenden Sie hierzu zum Beispiel einen kleinen **Ball** oder einen anderen Gegenstand (z. B.: Klassen-Kuscheltier, Reissäckchen) als zusätzliche Hilfestellung: Der Ball wird von Kind zu Kind weitergegeben. Nur wer ihn in den Händen hält, darf einen Satzanfang und eine oder mehrere Bildkarten aus der Kreismitte auswählen und von seinem Wochenende bzw. dem Vortag erzählen. Wenn das Kind fertig ist, legt es die Karten zurück in die Kreismitte und gibt den Ball an das nächste Kind weiter, das leise aufzeigt und erzählen möchte. Die Kinder können den „Erzähl-Ball“ auch von Junge zu Mädchen und von Mädchen zu Junge weitergeben, also so wie bei einer „Meldekette".

 | ISBN 978-3-8346-3885-4

Vorwort

Langatmigem und kurzem Erzählen vorbeugen

Um **langatmigem Erzählen** vorzubeugen, grenzen Sie die Erzählzeit zum Beispiel mit einer Sanduhr oder einer Regel ein: *„Jedes Kind darf von 1–2 spannenden, lustigen, aufregenden, interessanten oder auch unschönen Erlebnissen berichten. Überlege dir deshalb vorher, was du erzählen möchtest und welche Satzanfänge und Bildkarten du nimmst!"*

Um **kurzem Erzählen** vorzubeugen, dürfen die anderen Kinder – oder auch Sie selbst – Nachfragen stellen. Wer eine Frage hat, signalisiert dies, indem er mit beiden Armen aufzeigt. Die Fragen werden von dem erzählenden Kind der Reihe nach beantwortet.

Den Erzählfluss aufrechterhalten

Verweisen Sie auf die Karte mit den **W-Fragen** (Wer? Wo? Wann? Was? Wie? Warum?), wenn ein Kind beim Erzählen den Faden verliert und ins Stocken gerät.

Lügengeschichten vorbeugen

Einige Kinder neigen zu Lügengeschichten, vor allem dann, wenn sie über nichts „Besonderes" oder nur über unschöne Erlebnisse berichten können. Um dem vorzubeugen, enthält das Kartenset eine **Joker-Karte**: *„Wenn ich zaubern könnte, hätte/wäre ich …"*. So erhalten die Kinder die Möglichkeit, sich aktiv am Morgenkreis zu beteiligen, ohne auf eine Lügengeschichte zurückgreifen zu müssen. Stattdessen können sie Erlebnisse erfinden und davon erzählen, wie sie sich ihr Wochenende gewünscht hätten.

Generell sollten aber auch **unschöne Erlebnisse** der Kinder kein Tabu sein. Im Kartenset finden sich hierzu einige passende Satzanfänge (z. B.: *Geärgert hat mich, dass …; Nicht so gut gefallen hat mir …, weil …*), auf die bei Bedarf zurückgegriffen werden kann. Es sollte allerdings kein Kind zu einer Äußerung gedrängt werden.

Die Kinder zum Zuhören bewegen

Geben Sie den Kindern zu Beginn des Morgenkreises einen **Hörauftrag**: *„Wer von euch gehört zu den weltbesten Ohren-Detektiven und kann am Ende des Morgenkreises sagen, …"* (z. B.: *wie viele Kinder Fußball gespielt haben, wer im Freibad war, wer die Großeltern besucht hat, wer sich mit Mitschülern verabredet hat*).

Alternativ können Sie den Gesprächskreis durch die Aktivität **„Wer errät mein Wochenende?"** auflockern und so die Aufmerksamkeit der Kinder (zurück-)gewinnen: Die Kinder zeichnen ihr Erlebnis an die Tafel, stellen es pantomimisch dar oder umschreiben es mit einem anderen Begriff. Die Klasse versucht nun, zu erraten, was das Kind erlebt hat. Dieses berichtet danach etwas ausführlicher.

Schüchterne Kinder miteinbeziehen

Geben Sie den kleinen Ball bzw. den gewählten Gegenstand im **Uhrzeigersinn** weiter und lassen Sie die Kinder reihum von ihren Erlebnissen berichten. So müssen sich schüchterne Kinder nicht erst zu einer Wortmeldung durchringen, sondern können spontan entscheiden, ob sie vielleicht doch etwas erzählen möchten. Ist dies nicht der Fall, können sie den Ball einfach an das nächste Kind weitergeben.

Alternativ können schüchterne Kinder auch einfach nur eine **Bildkarte auswählen und in die Höhe halten**. Die anderen Kinder müssen nun erraten, was das jeweilige Kind erlebt hat, sodass dieses darauf antwortet und eventuell doch ein wenig von seinen Erlebnissen erzählt.

Vorwort

Mit Störungen umgehen

Vor allem jüngeren Kindern und Kindern mit besonderem Förderbedarf fällt es schwer, für längere Zeit ruhig sitzen zu bleiben. Sorgen Sie daher mit einem **Lied oder einem kurzen Bewegungsspiel** für etwas Abwechslung im Morgenkreis.

Auch ein **cleveres Timing** hilft, indem Sie mit dem Morgenkreis etwa 10–15 Minuten vor einer großen oder kleinen Hofpause beginnen, die Klasse dann in die Pause schicken und danach weitermachen.

Bei Kindern, die bewusst stören und sich nicht an die vereinbarten Regeln halten, sollten Sie zunächst **nonverbal** (z. B.: Herstellen von Blickkontakt, verärgerter Gesichtsausdruck, Leise-Zeichen), später **verbal** (Stimmmodulation, Loben der sich an die Regeln haltenden Kinder, direkte Ansprache des „Störenfrieds", deutliche Ermahnung, Sitzplatzwechsel) reagieren. Lassen Sie bei wiederholtem Fehlverhalten eine angemessene Sanktion folgen.

Den Morgenkreis beenden und auflösen

Auch beim Beenden und Auflösen des Morgenkreises sollten einige **Regeln** beachtet werden, z. B.:

1. Loben Sie die Kinder für gelungene Dinge (z. B.: Regeleinhaltung, verständliches Erzählen, Verwendung passender Satzanfänge).
2. Überlegen Sie gemeinsam, was man beim nächsten Morgenkreis noch besser machen könnte.
3. Lassen Sie die Kinder in Kleingruppen und in Ruhe den Kreis verlassen.

Viel Erfolg und Spaß mit dem Material wünscht Ihnen und den Kindern
Bernd Wehren

Impressum

Titel
„Am Wochenende habe ich ..."
66 Bild-Impulse und Satzanfänge für den Morgenkreis

Autor
Bernd Wehren

Illustrationen
Punkte im Hintergrund: © Eric Gevaert | fotolia.com
Fotos: siehe ©-Hinweis am Bild

Druck
Salzland Druck GmbH & Co. KG, Staßfurt, DE

Geeignet für die Klassen 1–4

Verlag an der Ruhr
Mülheim an der Ruhr
www.verlagruhr.de

Verlag an der Ruhr 2018
ISBN 978-3-8346-3885-4

Alle Karten im Überblick

Bild-Impulse

Angeln
Ausflug
Backen
Basteln und malen
Bauen und konstruieren
Brett-, Karten- und Würfelspiele
Computer, Tablet und Smartphone
Drachen steigen lassen
Einkaufen
Eis essen
Eislaufen
Essen gehen
Faulenzen
Fernsehen
Flohmarkt
Freunde treffen
Fußball spielen
Geburtstag
Grillen
Handball spielen
Haustier
Kampfsport
Kino
Kirmes/Freizeitpark
Kochen
Kuscheltier
Leichtathletik
Lesen
Museum
Musik oder Hörspiel hören
Musizieren
Oma und Opa besuchen
Picknicken
Radfahren
Reiten
Schlitten fahren
Schneemann bauen
Schwimmen
Sich verkleiden
Skaten und Scooter fahren
Spazieren
Spielkonsole
Spielplatz
Tanzen
Tennis spielen
Tischtennis spielen
Trampolin springen
Übernachten
Zelten
Zirkus
Zoo
Zug fahren

Satzanfänge und Strukturierungshilfen

Neutrale Berichte
Am Wochenende habe ich ...
Meine Familie und ich ...
Mit meinen Freunden habe ich ...

Positive Berichte
Mein Wochenende war schön, weil ...
Mein schönstes Erlebnis war ...
Am meisten Spaß gemacht hat mir ..., weil ...
Das Tollste, das mir passiert ist, war ...
Das Aufregendste, das ich erlebt habe, war ...
Das Wochenende war einfach viel zu kurz, weil ...

Negative Berichte
Mein Wochenende war nicht so schön, weil ...
Geärgert hat mich, dass ...
Nicht so gut gefallen hat mir ..., weil ...

Joker-Karte und Strukturierungshilfe
Wenn ich zaubern könnte, hätte/wäre ich ...
Wer? Wo? Wann? Was? Wie? Warum?

„Am Wochenende habe ich ...“ | Autor: Bernd Wehren

Angeln

© Verlag an der Ruhr | ISBN 978-3-8346-3885-4

Ausflug

© altanaka | fotolia.com

 | ISBN 978-3-8346-3885-4

Backen

© JenkoAtaman | fotolia.com

„Am Wochenende habe ich ..." | Autor: Bernd Wehren

Basteln und malen

„Am Wochenende habe ich …" | Autor: Bernd Wehren
© Verlag an der Ruhr | ISBN 978-3-8346-3885-4

Bauen und konstruieren

 | ISBN 978-3-8346-3885-4

Brett-, Karten- und Würfelspiele

© Jitka Svetnickova | fotolia.com

„Am Wochenende habe ich …" | Autor: Bernd Wehren
© Verlag an der Ruhr | ISBN 978-3-8346-3885-4

Computer, Tablet und Smartphone

© WavebreakMediaMicro | fotolia.com

© Verlag an der Ruhr | ISBN 978-3-8346-3885-4

Drachen steigen lassen

© Verlag an der Ruhr | ISBN 978-3-8346-3885-4

Einkaufen

© Syda Productions | fotolia.com

Eis essen

© annanahabed | fotolia.com

„Am Wochenende habe ich ...“ | Autor: Bernd Wehren
© Verlag an der Ruhr | ISBN 978-3-8346-3885-4

Eislaufen

© Antje Lindert-Rottke | fotolia.com

 | ISBN 978-3-8346-3885-4

Essen gehen

© annashabed | fotolia.com

Faulenzen

© itsmejust | fotolia.com

„Am Wochenende habe ich ..." | Autor: Bernd Wehren
© Verlag an der Ruhr | ISBN 978-3-8346-3885-4

Fernsehen

© Monkey Business | fotolia.com

„Am Wochenende habe ich ...“ | Autor: Bernd Wehren
© Verlag an der Ruhr | ISBN 978-3-8346-3885-4

Flohmarkt

„Am Wochenende habe ich …" | Autor: Bernd Wehren
© Verlag an der Ruhr | ISBN 978-3-8346-3885-4

Freunde treffen

© Robert Kneschke | fotolia.com

 | ISBN 978-3-8346-3885-4

Fußball spielen

© Verlag an der Ruhr | ISBN 978-3-8346-3885-4

Geburtstag

© Ruth Black | fotolia.com

„Am Wochenende habe ich …“ | Autor: Bernd Wehren
© Verlag an der Ruhr | ISBN 978-3-8346-3885-4

Grillen

© LVDESIGN | fotolia.com

„Am Wochenende habe ich ...“ | Autor: Bernd Wehren
© Verlag an der Ruhr | ISBN 978-3-8346-3885-4

Handball spielen

© Verlag an der Ruhr | ISBN 978-3-8346-3885-4

Haustier

© Happy monkey | fotolia.com

„Am Wochenende habe ich …" | Autor: Bernd Wehren
© Verlag an der Ruhr | ISBN 978-3-8346-3885-4

Kampfsport

„Am Wochenende habe ich …" | Autor: Bernd Wehren
© Verlag an der Ruhr | ISBN 978-3-8346-3885-4

Kino

© Karramba Production | fotolia.com

Kirmes
Freizeitpark

© Brocreative | fotolia.com

„Am Wochenende habe ich ..." | Autor: Bernd Wehren
© Verlag an der Ruhr | ISBN 978-3-8346-3885-4

Kochen

© skumer | fotolia.com

„Am Wochenende habe ich …" | Autor: Bernd Wehren
© Verlag an der Ruhr | ISBN 978-3-8346-3885-4

Kuscheltier

„Am Wochenende habe ich ..." | Autor: Bernd Wehren
© Verlag an der Ruhr | ISBN 978-3-8346-3885-4

Leichtathletik

„Am Wochenende habe ich …“ | Autor: Bernd Wehren
© Verlag an der Ruhr | ISBN 978-3-8346-3885-4

Lesen

© WavebreakMediaMicro | fotolia.com

 | ISBN 978-3-8346-3885-4

Museum

© Arkady Chubykin | fotolia.com

Musik oder Hörspiel hören

© Tomasz Zajda | fotolia.com

„Am Wochenende habe ich ..." | Autor: Bernd Wehren
© Verlag an der Ruhr | ISBN 978-3-8346-3885-4

Musizieren

© Kzenon | fotolia.com

© Verlag an der Ruhr | ISBN 978-3-8346-3885-4

Oma und Opa besuchen

© Monkey Business | fotolia.com

 | ISBN 978-3-8346-3885-4

Picknicken

© alta27 | fotolia.com

„Am Wochenende habe ich …" | Autor: Bernd Wehren
© Verlag an der Ruhr | ISBN 978-3-8346-3885-4

Radfahren

© pressmaster | fotolia.com

„Am Wochenende habe ich …“ | Autor: Bernd Wehren
© Verlag an der Ruhr | ISBN 978-3-8346-3885-4

Reiten

© Gorilla | fotolia.com

„Am Wochenende habe ich …" | Autor: Bernd Wehren
© Verlag an der Ruhr | ISBN 978-3-8346-3885-4

Schlitten fahren

© rupbilder | fotolia.com

© Verlag an der Ruhr | ISBN 978-3-8346-3885-4

Schneemann bauen

© Africa Studio | fotolia.com

„Am Wochenende habe ich …" | Autor: Bernd Wehren
© Verlag an der Ruhr | ISBN 978-3-8346-3885-4

Schwimmen

Sich verkleiden

© photophonie | fotolia.com

„Am Wochenende habe ich ...“ | Autor: Bernd Wehren
© Verlag an der Ruhr | ISBN 978-3-8346-3885-4

Skaten und Scooter fahren

© Sergey Ryzhov | fotolia.com

„Am Wochenende habe ich …" | Autor: Bernd Wehren
© Verlag an der Ruhr | ISBN 978-3-8346-3885-4

Spazieren

„Am Wochenende habe ich …" | Autor: Bernd Wehren
© Verlag an der Ruhr | ISBN 978-3-8346-3885-4

Spielkonsole

© wavebreak3 | fotolia.com

„Am Wochenende habe ich ...“ | Autor: Bernd Wehren
© Verlag an der Ruhr | ISBN 978-3-8346-3885-4

Spielplatz

© Dan Race | fotolia.com

„Am Wochenende habe ich …" | Autor: Bernd Wehren
© Verlag an der Ruhr | ISBN 978-3-8346-3885-4

Tanzen

„Am Wochenende habe ich ..." | Autor: Bernd Wehren
© Verlag an der Ruhr | ISBN 978-3-8346-3885-4

Tennis spielen

„Am Wochenende habe ich …“ | Autor: Bernd Wehren
© Verlag an der Ruhr | ISBN 978-3-8346-3885-4

Tischtennis spielen

© Sergey Novikov | fotolia.com

 | ISBN 978-3-8346-3885-4

Trampolin springen

„Am Wochenende habe ich …" | Autor: Bernd Wehren
© Verlag an der Ruhr | ISBN 978-3-8346-3885-4

Übernachten

© spass | fotolia.com

„Am Wochenende habe ich ..." | Autor: Bernd Wehren
© Verlag an der Ruhr | ISBN 978-3-8346-3885-4

Zelten

© micromonkey | fotolia.com

„Am Wochenende habe ich …" | Autor: Bernd Wehren
© Verlag an der Ruhr | ISBN 978-3-8346-3885-4

Zirkus

© artfocus | fotolia.com

„Am Wochenende habe ich ..." | Autor: Bernd Wehren
© Verlag an der Ruhr | ISBN 978-3-8346-3885-4

Zoo

Zug fahren

© IM | fotolia.com

„Am Wochenende habe ich ..." | Autor: Bernd Wehren
© Verlag an der Ruhr | ISBN 978-3-8346-3885-4

Am Wochenende habe ich …

„Am Wochenende habe ich …“ | Autor: Bernd Wehren
 | ISBN 978-3-8346-3885-4

Meine Familie und ich …

„Am Wochenende habe ich …" | Autor: Bernd Wehren
 | ISBN 978-3-8346-3885-4

Mit
meinen Freunden
habe ich …

„Am Wochenende habe ich …“ | Autor: Bernd Wehren
© Verlag an der Ruhr | ISBN 978-3-8346-3885-4

Mein Wochenende war schön, weil …

„Am Wochenende habe ich …" | Autor: Bernd Wehren
© Verlag an der Ruhr | ISBN 978-3-8346-3885-4

Mein schönstes Erlebnis war …

„Am Wochenende habe ich …" | Autor: Bernd Wehren
© Verlag an der Ruhr | ISBN 978-3-8346-3885-4

Am meisten Spaß gemacht hat mir …, weil …

„Am Wochenende habe ich …" | Autor: Bernd Wehren
© Verlag an der Ruhr | ISBN 978-3-8346-3885-4

Das Tollste,
das mir passiert ist,
war ...

„Am Wochenende habe ich ...“ | Autor: Bernd Wehren
 | ISBN 978-3-8346-3885-4

Das Aufregendste,
das ich erlebt habe,
war …

„Am Wochenende habe ich …" | Autor: Bernd Wehren
 | ISBN 978-3-8346-3885-4

Das Wochenende war einfach viel zu kurz, weil ...

„Am Wochenende habe ich ..." | Autor: Bernd Wehren
© Verlag an der Ruhr | ISBN 978-3-8346-3885-4

Mein Wochenende war nicht so schön, weil …

„Am Wochenende habe ich …" | Autor: Bernd Wehren
 | ISBN 978-3-8346-3885-4

Geärgert hat mich, dass …

„Am Wochenende habe ich …" | Autor: Bernd Wehren
© Verlag an der Ruhr | ISBN 978-3-8346-3885-4

Nicht so gut gefallen hat mir ..., weil ...

„Am Wochenende habe ich ..." | Autor: Bernd Wehren
 | ISBN 978-3-8346-3885-4

Wenn ich zaubern könnte, hätte/wäre ich …

„Am Wochenende habe ich …" | Autor: Bernd Wehren
 | ISBN 978-3-8346-3885-4

Wer? Wo?
Wann? Was?
Wie? Warum?

„Am Wochenende habe ich ..." | Autor: Bernd Wehren
 | ISBN 978-3-8346-3885-4

So verschlägt es niemandem mehr die Sprache!

Die 66 Bild-Impulse und Satzanfänge für den Morgenkreis ermuntern alle Kinder zum freien Erzählen – und helfen ihnen gleichzeitig dabei, sich auf das Wesentliche zu beschränken.

52 alltagsnahe Fotos von typischen Freizeitaktivitäten, wie Eis essen, Radfahren, Fußball spielen, Oma und Opa besuchen u.v.m.

14 vorgegebene Satzanfänge als zusätzliche Hilfestellung – nicht nur für schüchterne Kinder

Am Wochenende habe ich …

Berücksichtigung negativer Erfahrungen

Geärgert hat mich, dass …

Joker-Karte zur Vermeidung von Lügengeschichten

Wenn ich zaubern könnte, hätte/wäre ich …

mit vielen **Tipps und Tricks** für einen **gelungenen Morgenkreis**

Für die Klassen 1–4

9 783834 638854

www.verlagruhr.de

Verlag an der Ruhr